MERCI,

MON CADEAU D'APPRÉCIATION

Aucune partie de ce livre ne peut être scannée, reproduite ou distribuée sous quelque forme imprimée ou électronique que ce soit sans l'autorisation préalable de l'auteur ou de l'éditeur.

APPRÉCIATION

Soyons reconnaissants envers ces personnes qui nous rendent heureux : ce sont les charmants jardiniers qui font fleurir nos âmes.

Marcel Proust

Chère

Ce cadeau est pour vous parce que…

Mois Année

Tu es spécial pour moi parce...

L'un de mes plus beaux moments avec vous a été…

....

....

....

....

....

....

L'un de mes plus beaux moments avec vous a été...

....

....

....

....

....

....

Si je devais énumérer cinq de vos qualités particulières, elles seraient...

1. ....
2. ....
3. ....
4. ....
5. ....

L'AMOUR, L'AMITIÉ, LE RIRE...
CERTAINES DES MEILLEURES
CHOSES DE LA VIE SONT
VRAIMENT GRATUITES.

BOB MARLEY

C'EST QUELQUE CHOSE QUE VOUS AVEZ DIT QUI COMPTE BEAUCOUP POUR MOI...

"NOUS NE NOUS SOUVENONS PAS DES JOURS, MAIS DES MOMENTS"

CESARE PAVESE 1908 - 1950

Vous avez été si gentil quand.....

....

....

....

....

....

Tu me fais sourire......

....
....
....
....

Une célébration spéciale que je me souviens avoir partagée avec vous était...

Partagez votre histoire

"VOUS CONSTATEREZ, EN REGARDANT LA VIE, QUE LES MOMENTS QUI SE DISTINGUENT SONT CEUX OÙ VOUS AVEZ FAIT DES CHOSES POUR LES AUTRES."

HENRY DRUMMOND (1851 - 1897)

Vous faites cela mieux que quiconque...

"Parfois, le cœur voit ce qui est invisible à l'œil"

H. Jackson Brown. JR.

S'il y avait un mot pour vous décrire, ce serait..

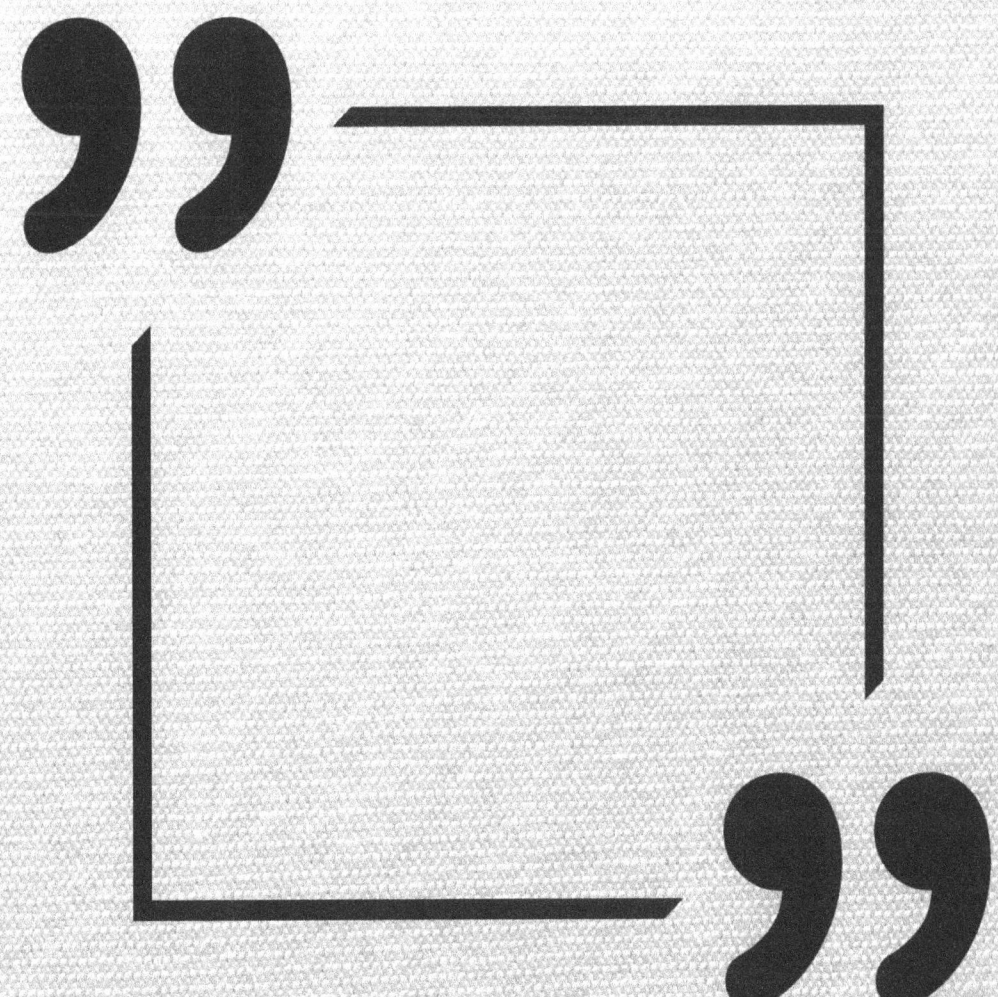

Je souris toujours quand je pense à cette histoire...

AJOUTER UNE PHOTO ICI

Un moment privilégié ensemble

UN MOMENT SPÉCIAL

Plus de moments privilégiés ensemble

> Le sens de la vie est de trouver son cadeau. Le but de la vie est de le donner
>
> — *Pablo Picasso*

Je voudrais conclure en disant...

....

....

....

....

....

....

....

....

LIVRES DANS LA MERCI.

Merci d'être le meilleur des pères
Merci d'être la meilleure maman
Merci d'être la meilleure sœur
Merci d'être le meilleur frère
Merci d'être la meilleure grand-mère
Merci d'être le meilleur grand-père
Merci d'être le meilleur oncle
Merci d'être la meilleure tante
Merci d'être un grand cousin
Merci d'être un excellent professeur
Merci d'être un bon entraîneur
Merci d'être un grand ami
Merci d'être un grand médecin

DISPONIBLE DANS TOUTES LES GRANDES LIBRAIRIES

www.ingramcontent.com/pod-product-compliance
Lightning Source LLC
LaVergne TN
LVHW070209080526
838202LV00063B/6580